1문. 사람의 첫 번째 목적은 무엇일까요?

2문. 하나님께 영광을 돌리고
하나님을 기쁘게 하는 방법은 무엇인가요?

답. 구약성경과 신약성경에 있는 하나님의 말씀이
하나님께 영광을 돌리고
하나님을 기쁘게 하는 유일한 방법입니다.

2문. 하나님께 영광을 돌리고 하나님을 기쁘게 하는 방법은 무엇인가요?

3문. 성경은 주로 무엇을 가르치나요?

답. 성경은 사람이 하나님을 어떻게 믿어야 하는지와, 하나님께서 사람에게 요구하시는 의무가 무엇인지를 가르칩니다.

3문. 성경은 주로 무엇을 가르치나요?

4문. 하나님은 어떤 분인가요?

답. 하나님은 영이시며, 존재, 지혜, 능력, 거룩,
공의, 선하심, 진리에 있어서 무한하고,
영원불변하고, 유일한 신이십니다.

4문. 하나님은 어떤 분인가요?

5문. 하나님 한 분 외에 다른 신이 있을까요?

답. 하나님 한 분 밖에 없으며,
살아계시고 참되신 하나님입니다.

5문. 하나님 한 분 외에 다른 신이 있을까요?

6문. 하나님의 신격에는 몇 위가 있나요?
(삼위일체란?)

답. 하나님의 신격에는 삼위가 있는데,
성부, 성자, 성령이 한 분이시며,
모습이 같고, 능력과 영광이 똑같습니다.

6문. 하나님의 신격에는 몇 위가 있나요?

(삼위일체란?)

7문. 하나님의 '예정(작정)'은 무엇인가요?

답. 하나님의 예정(작정)은 하나님의 뜻을 따라 정한 그분의 영원한 목적인데, 이 목적에 의하여 하나님은 장차 일어날 모든 일들을 자기의 영광을 위하여 미리 정해 놓으셨다는 것입니다

7문. 하나님의 '예정(작정)'은 무엇인가요?

8문. 하나님은 그 예정(작정)을 어떻게 이루시나요?

답. 하나님은 창조와 섭리의 사역으로 그 예정(작정)을 이루십니다.

8문. 하나님은 그 예정(작정)을 어떻게 이루시나요?

9문. 창조의 사역은 무엇인가요?

답. 창조의 사역은 하나님께서 6일 동안에
하나님의 능력의 말씀에 의하여
아무것도 없는 데서 만물을 만드신 일인데,
하나님이 보시기에 매우 좋게 창조하셨습니다.

9문. 창조의 사역은 무엇인가요?

10문. 하나님께서는 사람을 어떻게 창조하셨나요?

답. 하나님께서는 사람을 남자와 여자로 창조하셨는데,
하나님의 형상을 따라 지혜와 거룩함을 갖게 하셨고,
만물을 다스리게 하셨습니다.

10문. 하나님께서는 사람을 어떻게 창조하셨나요?

11문. 섭리의 사역은 무엇인가요?

답. 섭리의 사역은 하나님이 자신의 지극히
거룩하고 지혜로운 능력으로 만물을
보존하시고 다스리시는 일입니다.

11문. 섭리의 사역은 무엇인가요?

12문. 사람이 창조될 때,
하나님은 사람에게 어떤 특별한 섭리를 하셨나요?

답. 하나님은 사람을 창조하실 때,
완전한 순종을 조건으로 사람과 더불어
생명의 언약을 맺으시고, 선악을 알게 하는
나무의 열매를 먹는 것을 죽음의 고통을
당할 것이라고 경고하시며 금지하셨습니다.

12문. 사람이 창조될 때, 하나님은 사람에게

어떤 특별한 섭리를 하셨나요?

13문. 우리의 첫 조상은
창조된 당시의 상태를 계속 유지했나요?

답. 우리의 첫 조상은 자신의 의지의 자유가 있었지만,
하나님께 죄를 범함으로써
창조된 당시의 상태에서 타락하였습니다.

13문. 우리의 첫 조상은 창조된 당시의 상태를 계속 유지했나요?

14문. 죄는 무엇인가요?

답. 죄는 율법에 조금이라도 불순종하거나 그 법을 어기는 것입니다.

14문. 죄는 무엇인가요?

15문. 우리의 첫 조상이 창조된 당시의 상태에서
타락하게 된 죄는 무엇인가요?

답. 우리의 첫 조상이 창조된 당시의 상태에서
타락하게 된 죄는, 하나님께서 금지하신
선악을 알게 하는 나무의 열매를 먹은 것입니다.

15문. 우리의 첫 조상이 창조된 당시의 상태에서 타락하게 된 죄는 무엇인가요?

16문. 아담의 첫 범죄로 모든 사람이 타락했나요?

답. 아담과 맺어진 언약은 그 자신만이 아니라 그의 후손도 위한 것이므로, 아담에게서 태어난 모든 사람은 그의 첫 범죄와 함께 죄를 지은 것이며 그와 함께 타락했습니다.

16문. 아담의 첫 범죄로 모든 사람이 타락했나요?

17문. 그 타락은 사람들을 어떤 상태에 빠지게 했나요?

답. 그 타락은 사람들을 죄와 비참한 상태에 빠지게 했습니다.

17문. 그 타락은 사람들을 어떤 상태에 빠지게 했나요?

18문. 사람이 타락한 상태의 죄성은 어떻게 나타나나요?

답. 사람이 타락한 상태의 죄성은,
아담의 첫 범죄의 책임과, 근본적인 불의와,
그의 온 성품이 악해진 것(원죄)과,
이 원죄로부터 나오는 모든 실제적인 죄로 나타납니다.

18문. 사람이 타락한 상태의 죄성은 어떻게 나타나나요?

19문. 사람이 타락하여 어떻게 비참해졌나요?

답. 모든 사람은 타락하여 하나님과의 교제가 끊어졌고

그분의 진노와 저주 아래에 있으며

사는 동안에 여러 슬픔과, 죽음과,

영원한 지옥형벌을 받게 되었습니다.

19문. 사람이 타락하여 어떻게 비참해졌나요?

20문. 하나님께서는 모든 사람을
죄와 비참한 상태에서 멸망하도록 내버려 두셨나요?

답. 하나님께서는 홀로 그분의 선한 뜻대로
영원 전부터 영생 받을 사람들을 선택하시고,
은혜언약을 맺어 한 구속자로 말미암아
그들을 죄와 비참한 상태에서 건져내시고,
구원에 이르게 하셨습니다.

20문. 하나님께서는 모든 사람을
죄와 비참한 상태에서 멸망하도록 내버려 두셨나요?

21문. 하나님께서 선택하신 사람들의 구원자는 누구인가요?

답. 하나님께서 선택하신 사람들의 구원자는 주 예수 그리스도이십니다. 그는 하나님의 영원한 아들로서 사람이 되셨으며, 영원토록 하나님이시면서 또한 사람이시고, 두 성품을 가지면서도 한 위격이십니다.

21문. 하나님께서 선택하신 사람들의 구원자는 누구인가요?

22문. 하나님의 아들이신 그리스도는
어떻게 사람이 되셨나요?

답. 하나님의 아들이신 그리스도는
몸과 영혼을 스스로 가지심으로써 사람이 되셨는데,
성령의 능력으로 동정녀 마리아에게 잉태되어
탄생하셨으나 죄는 없으십니다.

22문. 하나님의 아들이신 그리스도는

어떻게 사람이 되셨나요?

23문. 그리스도께서는 우리의 구원자로서
무슨 직분으로 일하시나요?

답. 그리스도께서는 우리의 구원자로서
선지자와 제사장과 왕의 직분으로 일하시되,
낮아지시고 높아지신 두 상태에서 일하십니다.

23문. 그리스도께서는 우리의 구원자로서 무슨 직분으로 일하시나요?

24문. 그리스도께서는 선지자 직분으로
무슨 일을 하시나요?

답. 그리스도께서는 선지자 직분으로,
우리를 구원하시기 위한 하나님의 뜻을
그의 말씀과 영으로 우리에게
나타내시는 일을 하십니다.

24문. 그리스도께서는 선지자 직분으로 무슨 일을 하시나요?

25문. 그리스도께서는 제사장 직분으로
무슨 일을 하시나요?

답. 그리스도께서는 제사장 직분으로,
단번에 자신을 희생 제물로 바쳐서
하나님의 공의를 만족시키시고,
우리를 하나님과 더불어 화목하게 하시고,
우리를 위하여 계속 중보하십니다.

25문. 그리스도께서는 제사장 직분으로 무슨 일을 하시나요?

26문. 그리스도께서는 왕의 직분으로
무슨 일을 하시나요?

답. 그리스도께서는 왕의 직분으로,
우리를 자기에게 복종하게 하시고,
우리를 다스리시고 보호하시며,
그와 우리의 모든 원수를 물리치시고 정복하십니다.

26문. 그리스도께서는 왕의 직분으로 무슨 일을 하시나요?

27문. 그리스도께서는 어떻게 낮아지셨나요?

답. 그리스도께서는 비천한 상태로 태어나시고,
율법 아래 태어나시며,
일생 동안의 비참과 하나님의 진노와
십자가에서 저주받은 죽음을 당하신 일과,
장사되어 얼마동안 죽음의 권세 아래에
계심으로써 낮아지셨습니다.

27문. 그리스도께서는 어떻게 낮아지셨나요?

28문. 그리스도께서는 어떻게 높아지셨나요?

답. 그리스도께서는 3일 만에 죽음에서
다시 살아나신 것과, 하늘에 오르셔서
하나님 아버지의 오른쪽에 앉아 계신 것과,
마지막 날에 세상을 심판하러 오심으로 높아지십니다.

28문. 그리스도께서는 어떻게 높아지셨나요?

29문. 우리는 어떻게 그리스도께서 값 주고 사신 구속에 참여하나요?

답. 그의 성령께서 우리에게 그리스도의 구속을 효력 있게 적용하심으로, 그 구속에 참여합니다.

29문. 우리는 어떻게 그리스도께서 값 주고 사신 구속에 참여하나요?

30문. 성령께서는 그리스도께서 값 주고 사신 구속을
우리에게 어떻게 적용하시나요?

답. 성령께서는 우리 안에 믿음을 주시고,
효력 있는 부르심으로 우리를
그리스도와 하나 되게 하셔서,
그 구속을 우리에게 적용하십니다.

30문. 성령께서는 그리스도께서 값 주고 사신 구속을 우리에게 어떻게 적용하시나요?

31문. 효력 있는 부르심이란 무엇인가요?

답. 효력 있는 부르심이란 하나님의 영이 하시는 일로,
우리의 죄와 비참을 깨닫게 하시고,
우리의 마음을 밝혀 그리스도를 알게 하시고,
우리의 의지를 새롭게 하시고,
우리를 설득하셔서 복음 안에서 값없이 주신
예수 그리스도를 영접하게 하시는 것입니다.

31문. 효력 있는 부르심이란 무엇인가요?

32문. 효력 있는 부르심을 받은 사람들은
현세에서 무슨 유익이 있나요?

답. 효력 있는 부르심을 받은 사람들은
현세에서 의롭다함을 얻고, 하나님의 양자가 되고,
성화되며, 또한 이것들과 함께 오거나
이것들로부터 나오는 유익들을 얻게 됩니다.

32문. 효력 있는 부르심을 받은 사람들은
현세에서 무슨 유익이 있나요?

33문. 칭의는 무엇인가요?

답. 칭의는 하나님이 값없이 주시는 은혜로써,
하나님이 우리의 모든 죄를 용서하시고,
우리를 하나님 앞에서 의로운 자로 받아주시는 것인데,
오직 그리스도의 의를 우리에게 돌리시는 것이며,
오직 믿음으로 그 의를 받습니다.

33문. 칭의는 무엇인가요?

34문. 양자됨은 무엇인가요?

답. 양자됨은 하나님이 값없이 주시는 은혜로써,

우리가 하나님의 자녀로 받아들여지며,

하나님의 자녀로서의 모든 특권을 누리게 되는 것입니다.

34문. 양자됨은 무엇인가요?

35문. 성화는 무엇인가요?

답. 성화는 하나님이 값없이 주시는 은혜로써,
우리의 타락한 온 성품이
하나님의 형상을 따라 다시 새롭게 되며,
점차 죄에 대해서는 죽고
의에 대해서는 살게 되는 것입니다.

35문. 성화는 무엇인가요?

36문. 현세에서 칭의, 양자됨, 성화와 함께 오거나
또는 그것들로부터 나오는 유익들은 무엇인가요?

답. 현세에서 칭의, 양자됨, 성화와 함께 오거나
또는 그것들로부터 나오는 유익들은,
하나님의 사랑에 대한 확신과 양심이 평안한 것과
성령 안에서의 기쁨과 은혜가 증가하는 것과
끝까지 인내하는 것입니다.

36문. 현세에서 칭의, 양자됨, 성화와 함께 오거나 또는 그것들로부터 나오는 유익들은 무엇인가요?

37문. 신자가 죽을 때,
그리스도로부터 무슨 유익들을 받나요?

답. 신자의 영혼은 그들이 죽을 때
완전히 거룩해져서 즉시 영광에 들어가고,
육체는 여전히 그리스도께 연합되어
부활 때까지 무덤에서 쉬는 유익들을 받습니다.

37문. 신자가 죽을 때,
그리스도로부터 무슨 유익들을 받나요?

38문. 신자가 부활할 때,
그리스도로부터 무슨 유익들을 받나요?

답. 부활할 때에, 신자들은 영광 가운데 들어 올려지며,
심판 날에 공개적으로 인정받고 무죄선고를 받으며,
하나님을 온전히 즐거워함으로
완전한 복을 영원토록 누립니다.

38문. 신자가 부활할 때, 그리스도로부터 무슨 유익들을 받나요?

39문. 하나님께서

사람에게 요구하시는 의무는 무엇인가요?

답. 하나님께서 사람에게 요구하시는 의무는,

그분의 계시된 뜻에 순종하는 것입니다.

39문. 하나님께서 사람에게 요구하시는 의무는 무엇인가요?

40문. 하나님께서 순종의 규칙으로
사람에게 처음 계시하신 것은 무엇인가요?

답. 하나님께서 순종의 규칙으로
사람에게 처음 계시하신 것은 도덕법입니다.

40문. 하나님께서 순종의 규칙으로 사람에게 처음 계시하신 것은 무엇인가요?

41문. 도덕법은 어디에 요약되어 있나요?

답. 도덕법은 십계명에 요약되어 있습니다.

41문. 도덕법은 어디에 요약되어 있나요?

42문. 십계명의 핵심은 무엇인가요?

답. 십계명의 핵심은
"마음을 다하고 목숨을 다하고 힘을 다하고
뜻을 다하여 네 하나님 여호와를 사랑하라."
그리고 "네 이웃을 네 자신과 같이 사랑하라."입니다.

42문. 십계명의 핵심은 무엇인가요?

43문. 십계명의 머리말은 무엇인가요?

답. 십계명의 머리말은
"나는 너를 애굽 땅 종 되었던 집에서 인도하여 낸
네 하나님 여호와니라."입니다.

43문. 십계명의 머리말은 무엇인가요?

44문. 십계명의 머리말이 우리에게 가르쳐 주는 것은 무엇인가요?

답. 십계명의 머리말이 우리에게 가르쳐 주는 것은 하나님은 주님이시고 우리의 하나님이시고 구속자이시므로, 우리는 마땅히 그분의 모든 계명을 지켜야 한다는 것입니다.

44문. 십계명의 머리말이 우리에게
가르쳐 주는 것은 무엇인가요?

45문. 제1계명은 무엇인가요?

답. 제1계명은
"너희는 나 외에 다른 신들을 네게 두지 마라"입니다.

45문. 제1계명은 무엇인가요?

46문. 제1계명에서 명령하는 것은 무엇인가요?

답. 제1계명에서 명령하는 것은
하나님이 유일한 참된 하나님이시며
우리의 하나님이심을 알고 인정하며,
하나님을 합당하게 예배하고 영화롭게 하는 것입니다.

46문. 제1계명에서 명령하는 것은 무엇인가요?

47문. 제1계명에서 금지하는 것은 무엇인가요?

답. 제1계명에서 금지하는 것은
하나님이 참된 하나님이시며
우리의 하나님이심을 인정하지 않거나
예배하고 영광을 돌리지 않고,
하나님이 홀로 받으셔야 할 예배와 영광을
다른 것에 드리는 것입니다.

47문. 제1계명에서 금지하는 것은 무엇인가요?

48문. 제1계명에서 "나 외에"라는 말이
우리에게 특별히 가르치는 것은 무엇인가요?

답. 모든 것을 보시는 하나님이
다른 신을 섬기는 죄를 엄청 싫어하신다는 것입니다.

48문. 제1계명에서 "나 외에"라는 말이
우리에게 특별히 가르치는 것은 무엇인가요?

49문. 제2계명은 무엇인가요?

답. 제2계명은 "너를 위하여 새긴 우상을 만들지 말고
또 위로 하늘에 있는 것이나 아래로 땅에 있는 것이나
땅 아래 물속에 있는 것의 어떤 형상도 만들지 말며,
그것들에게 절하지 말며, 그것들을 섬기지 말라.
나 네 하나님 여호와는 질투하는 하나님인즉
나를 미워하는 자의 죄를 갚되
아버지로부터 아들에게로 삼사 대까지 이르게 하거니와
나를 사랑하고 내 계명을 지키는 자에게는
천 대까지 은혜를 베푸느니라."입니다.

49문. 제2계명은 무엇인가요?

50문. 제2계명에서 명령하는 것은 무엇인가요?

답. 제2계명에서 명령하는 것은
하나님이 그의 말씀에 정하신 종교적 예배와 규례를
순수하게 전부 받아들이고, 순종하고, 지키는 것입니다.

50문. 제2계명에서 명령하는 것은 무엇인가요?

51문. 제2계명에서 금지하는 것은 무엇인가요?

답. 제2계명에서 금지하는 것은 형상을 통해서나 그분의 말씀에 정해지지 않은 다른 방식으로 하나님께 예배드리는 것입니다.

51문. 제2계명에서 금지하는 것은 무엇인가요?

52문. 제2계명에 첨가된 이유는 무엇인가요?

답. 제2계명에 첨가된 이유는
하나님이 우리를 다스리시고, 우리를 소유하시며,
홀로 예배받기를 열망하시기 때문입니다.

52문. 제2계명에 첨가된 이유는 무엇인가요?

53문. 제3계명은 무엇인가요?

답. 제3계명은
"너는 네 하나님 여호와의 이름을 망령되게 부르지 말라.
여호와는 그의 이름을 망령되게 부르는 자를
죄 없다 하지 아니하리라."입니다.

53문. 제3계명은 무엇인가요?

54문. 제3계명에서 명령하는 것은 무엇인가요?

답. 제3계명에서 명령하는 것은
하나님의 이름과 칭호와 속성과 규례와 말씀과 역사하심을
거룩함과 존경함으로 사용하라는 것입니다.

54문. 제3계명에서 명령하는 것은 무엇인가요?

55문. 제3계명에서 금지하는 것은 무엇인가요?

답. 제3계명에서 금지하는 것은
하나님이 자기를 나타내신 것은 무엇이든지
속되게 사용하거나 나쁘게 사용하지 말라는 것입니다.

55문. 제3계명에서 금지하는 것은 무엇인가요?

56문. 제3계명에 첨가된 이유는 무엇인가요?

답. 제3계명에 첨가된 이유는 이 계명을 어긴 사람들이
비록 사람들로부터는 형벌을 피할 수 있을지라도,
주 우리 하나님은 그들이 그분의 의로운 심판을
피하지 못하게 하시기 때문입니다.

56문. 제3계명에 첨가된 이유는 무엇인가요?

57문. 제4계명은 무엇인가요?

답. 제4계명은 "안식일을 기억하여 거룩히 지키라. 엿새 동안은 힘써 네 모든 일을 행할 것이나 일곱째 날은 네 하나님 여호와의 안식일인즉 너나 네 아들이나 네 딸이나 네 남종이나 네 여종이나 네 가축이나 네 문안에 머무는 객이라도 아무 일도 하지 말라. 이는 엿새 동안에 나 여호와가 하늘과 땅과 바다와 그 가운데 모든 것을 만들고 일곱째 날에 쉬었음이라. 그러므로 나 여호와가 안식일을 복되게 하여 그 날을 거룩하게 하였느니라."입니다.

57문. 제4계명은 무엇인가요?

58문. 제4계명에서 명령하는 것은 무엇인가요?

답. 제4계명에서 명령하는 것은
하나님이 그분의 말씀으로 명령하신 시간을
하나님 앞에서 거룩히 지키는 것인데,
특별히 일주일 중에 하루를 모두
하나님께 거룩한 안식일이 되게 하는 것입니다.

58문. 제4계명에서 명령하는 것은 무엇인가요?

59문. 하나님께서는 일주일 중
어느 날을 안식일로 정하셨나요?

답. 세상의 시작으로부터 그리스도의 부활까지는
하나님께서 일주일의 일곱째 날을 안식일로 정하셨고,
그 후로부터 종말에 이르기까지는
일주일의 첫 날로 정하셨으니,
이 날이 곧 그리스도의 안식일입니다.

59문. 하나님께서는 일주일 중 어느 날을 안식일로 정하셨나요?

60문. 안식일을 거룩하게 하는 방법은 무엇인가요?

답. 안식일을 거룩하게 하는 방법은
그날 하루를 거룩하게 쉬는 것인데,
다른 날에 알맞은 세상의 업무와 오락을 멈추고,
부득이한 일이나 자비를 베푸는 일을 제외하고는,
공사 간에 하나님을 예배하는 일로
모든 하루를 사용하는 것입니다.

60문. 안식일을 거룩하게 하는 방법은 무엇인가요?

61문. 제4계명에서 금지하는 것은 무엇인가요?

답. 제4계명에서 금지하는 것은
그 명령하신 의무들을 지키지 않거나 무시하고
게으름으로 그 날을 더럽히거나, 또는 죄를 짓거나,
세상의 업무나 오락에 대하여
불필요한 생각이나 말이나 일을 하는 것입니다.

61문. 제4계명에서 금지하는 것은 무엇인가요?

62문. 제4계명에 첨가된 이유는 무엇인가요?

답. 제4계명에 첨가된 이유는
하나님이 우리 자신의 일들을 위하여
일주일 중 엿새를 허락하시고,
일곱째 날은 그분의 특별한 소유가 되며,
스스로 모범을 보이시고,
안식일을 축복하셨기 때문입니다.

62문. 제4계명에 첨가된 이유는 무엇인가요?

63문. 제5계명은 무엇인가요?

답. 제5계명은 "네 부모를 공경하라.
그리하면 네 하나님 여호와가 네게 준 땅에서
네 생명이 길리라."입니다.

63문. 제5계명은 무엇인가요?

64문. 제5계명에서 명령하는 것은 무엇인가요?

답. 제5계명에서 명령하는 것은
각 사람이 자신의 여러 지위와 인간관계들,
즉 윗사람과 아랫사람과 동등한 사람들에게
존경을 유지하며 그 의무를 다하라는 것입니다.

64문. 제5계명에서 명령하는 것은 무엇인가요?

65문. 제5계명에서 금지하는 것은 무엇인가요?

답. 제5계명에서 금지하는 것은
각 사람이 자신의 여러 지위와 인간관계에서
자기에게 속한 명예와 의무를 소홀히 하거나
반대되는 행동을 하는 것입니다.

65문. 제5계명에서 금지하는 것은 무엇인가요?

66문. 제5계명에 첨가된 이유는 무엇인가요?

답. 제5계명에 첨가된 이유는

이 계명을 지키는 모든 사람에게

(하나님의 영광과 그들 자신에게 유익이 되는 한에서)

장수와 번영의 복을 주신다는 약속입니다.

66문. 제5계명에 첨가된 이유는 무엇인가요?

67문. 제6계명은 무엇인가요?

답. 제6계명은 "살인하지 말라."입니다.

67문. 제6계명은 무엇인가요?

68문. 제6계명에서 명령하는 것은 무엇인가요?

답. 제6계명에서 명령하는 것은
정당한 노력을 다하여 우리 자신의 생명과
다른 사람들의 생명을 보존하는 것입니다.

68문. 제6계명에서 명령하는 것은 무엇인가요?

69문. 제6계명에서 금지하는 것은 무엇인가요?

답. 제6계명에서 금지하는 것은 우리 자신의 생명이나
우리 이웃의 생명을 부당하게 빼앗거나,
또는 그런 경향이라도 보이는 것입니다.

69문. 제6계명에서 금지하는 것은 무엇인가요?

70문. 제7계명은 무엇인가요?

답. 제7계명은 "간음하지 말라"입니다.

70문. 제7계명은 무엇인가요?

71문. 제7계명에서 명령하는 것은 무엇인가요?

답. 제7계명에서 명령하는 것은 마음과 말과 행동에서 우리 자신과 우리 이웃의 순결을 지키는 것입니다.

71문. 제7계명에서 명령하는 것은 무엇인가요?

72문. 제7계명에서 금지하는 것은 무엇인가요?

답. 제7계명에서 금지하는 것은
모든 불순한 생각과 말과 행동들입니다.

72문. 제7계명에서 금지하는 것은 무엇인가요?

73문. 제8계명은 무엇인가요?

답. 제8계명은 "도둑질하지 말라"입니다.

73문. 제8계명은 무엇인가요?

74문. 제8계명에서 명령하는 것은 무엇인가요?

답. 제8계명에서 명령하는 것은 정당한 방법으로
우리 자신과 다른 사람들의 재물을 얻고 늘리는 것입니다.

74문. 제8계명에서 명령하는 것은 무엇인가요?

75문. 제8계명에서 금지하는 것은 무엇인가요?

답. 제8계명에서 금지하는 것은
우리 자신이나 우리 이웃의 재물을 부당하게 침해하거나
또는 침해할 수도 있는 모든 일입니다.

75문. 제8계명에서 금지하는 것은 무엇인가요?

76문. 제9계명은 무엇인가요?

답. 제9계명은
"네 이웃에 대하여 거짓 증언하지 말라"입니다.

76문. 제9계명은 무엇인가요?

77문. 제9계명에서 명령하는 것은 무엇인가요?

답. 제9계명에서 명령하는 것은
사람 사이에서 진실하며, 우리 자신과
우리 이웃의 명예를 지키되, 특히 증언하는 일에 있어서
그렇게 해야 한다는 것입니다.

77문. 제9계명에서 명령하는 것은 무엇인가요?

78문. 제9계명에서 금지하는 것은 무엇인가요?

답. 제9계명에서 금지하는 것은
진실을 왜곡하거나 우리 자신이나
우리 이웃의 명예를 해치는 모든 일입니다.

78문. 제9계명에서 금지하는 것은 무엇인가요?

79문. 제10계명은 무엇인가요?

답. 제10계명은 "네 이웃의 집을 탐내지 말라.
네 이웃의 아내나 그의 남종이나 그의 여종이나
그의 소나 그의 나귀나
무릇 네 이웃의 소유를 탐내지 말라."입니다.

79문. 제10계명은 무엇인가요?

80문. 제10계명에서 명령하는 것은 무엇인가요?

답. 제10계명에서 명령하는 것은
우리 자신의 형편에 온전히 만족하며
우리 이웃과 그의 모든 것에 대하여
의롭고 자비로운 태도를 가지라는 것입니다.

80문. 제10계명에서 명령하는 것은 무엇인가요?

81문. 제10계명에서 금지하는 것은 무엇인가요?

답. 제10계명에서 금지하는 것은
우리 자신의 처지에 불만을 갖고,
우리 이웃이 잘 되는 것을 시기하고 질투하면서,
이웃의 소유에 지나치게 탐욕을 갖고
행동하는 모든 일입니다.

81문. 제10계명에서 금지하는 것은 무엇인가요?

82문. 사람이 하나님의 계명을
완전히 지킬 수 있을까요?

답. 사람이 타락한 후로는 살면서 하나님의 계명을
완전히 지킬 수 있는 사람은 아무도 없고,
오히려 생각과 말과 행동에 있어서
날마다 계명을 어깁니다.

82문. 사람이 하나님의 계명을
완전히 지킬 수 있을까요?

83문. 모든 범죄가 똑같이 악한가요?

답. 어떤 죄는 그 본질과 여러 악한 특징들 때문에 하나님 앞에서 다른 죄보다 더욱 가증합니다.

83문. 모든 범죄가 똑같이 악한가요?

84문. 범죄마다 마땅히 받을 보응은 무엇인가요?

답. 범죄마다 마땅히 현세에서와 내세에서
하나님의 진노와 저주를 받습니다.

84문. 범죄마다 마땅히 받을 보응은 무엇인가요?

85문. 우리의 범죄 때문에 마땅히 당할
하나님의 진노와 저주를 피하게 하시려고
하나님이 우리에게 명령하시는 것은 무엇인가요?

답. 우리의 범죄 때문에 마땅히 당할
하나님의 진노와 저주를 피하게 하시려고
하나님이 우리에게 명령하시는 것은
예수 그리스도를 믿는 것과, 생명에 이르는 회개와,
그리스도께서 우리에게 구속의 유익들을 전달하시는
모든 방법을 힘써 사용하는 것입니다.

85문. 우리의 범죄 때문에 마땅히 당할
하나님의 진노와 저주를 피하게 하시려고
하나님이 우리에게 명령하시는 것은 무엇인가요?

86문. 예수 그리스도를 믿는다는 것은 무엇인가요?

답. 예수 그리스도를 믿는다는 것은
곧 구원의 은혜인데, 이 믿음으로 말미암아
우리는 복음을 따라 구원을 얻기 위하여
예수님을 영접하고 그분께만 의지합니다.

86문. 예수 그리스도를 믿는다는 것은 무엇인가요?

87문. 생명에 이르는 회개는 무엇인가요?

답. 생명에 이르는 회개는 곧 구원의 은혜인데,
이 회개로 말미암아 죄인이 자기 죄를 바로 알고,
그리스도 안에서 하나님의 자비를 깨달아,
자신의 죄를 비통해하고 미워함으로 죄에서 떠나
하나님께로 돌아가며, 새로이 순종하기 위해
굳게 결심하고 노력하는 것입니다.

87문. 생명에 이르는 회개는 무엇인가요?

88문. 그리스도가 우리에게
구속의 유익들을 전하시는 방법은 무엇인가요?

답. 그리스도가 우리에게
구속의 유익들을 전하시는 방법은 그분의 규례인데,
특히 말씀과 성례와 기도입니다. 이 모든 것이
구원을 얻기로 선택받은 사람들에게 효력이 있습니다.

88문. 그리스도가 우리에게
구속의 유익들을 전하시는 방법은 무엇인가요?

89문. 하나님의 말씀은
어떻게 구원에 효력 있는 방법이 되나요?

답. 하나님의 영은 하나님의 말씀을 읽는 것과,
특히 설교를 효력 있는 도구로 삼아
죄인이 반성하고 회개하게 하시며,
또 믿음으로 말미암아 구원에 이르도록
거룩함과 위로로 그들을 세우십니다.

89문. 하나님의 말씀은

어떻게 구원에 효력 있는 방법이 되나요?

90문. 하나님의 말씀을 어떻게 읽고 들어야
구원에 이르는 효력이 있나요?

답. 하나님의 말씀이 구원에 이르게 하는
효력 있게 하려면, 우리가 부지런함과 준비와 기도로
말씀에 집중하고, 믿음과 사랑으로 받아들이며,
우리 마음속에 간직하여 생활에서 실천해야 합니다.

90문. 하나님의 말씀을 어떻게 읽고 들어야 구원에 이르는 효력이 있나요?

91문. 성례는 어떻게 구원에 효력 있는 방법이 되나요?

답. 성례가 구원의 효력 있는 방법이 되는 것은
성례 그 자체나 성례를 베푸는 사람의 덕이 아닌,
그리스도의 축복과 또 믿음으로 성례를 받는 사람 안에서
역사하시는 성령의 사역에 의한 것입니다.

91문. 성례는 어떻게 구원에 효력 있는 방법이 되나요?

92문. 성례는 무엇인가요?

답. 성례는 그리스도께서 세우신 거룩한 예식인데, 그리스도와 새 언약의 유익들이 감각적인 표로써 믿는 사람들에게 나타나고 인(印)쳐지며 적용됩니다.

92문. 성례는 무엇인가요?

93문. 신약의 성례는 무엇인가요?

답. 신약의 성례는 세례와 성찬입니다.

93문. 신약의 성례는 무엇인가요?

94문. 세례는 무엇인가요?

답. 세례는 성부와 성자와 성령의 이름으로
물을 가지고 씻는 성례인데, 이로써 우리가
그리스도께 접붙여지고 은혜언약의
모든 유익에 참여하며 주님의 소유가 되기로
약속함을 표하며 인(印)쳐집니다.

94문. 세례는 무엇인가요?

95문. 세례는 누구에게 베풀어야 하나요?

답. 세례는 그리스도에 대한 믿음과 순종을 고백할 때까지는 유형교회 밖에 있는 사람들에게는 베풀면 안 됩니다. 그러나 유형교회 회원들의 자녀들은 세례 받아야 합니다.

95문. 세례는 누구에게 베풀어야 하나요?

96문. 성찬은 무엇인가요?

답. 성찬은 그리스도께서 정하신 대로
떡과 포도주를 주고받음으로써
그분의 죽음을 나타내 보이는 성례인데,
이 성례를 합당하게 받는 사람들은
육체적이고 물질적인 태도가 아닌
믿음으로 그분의 몸과 피에 참여하는 사람으로서,
그분의 모든 유익들에서 영적 양식을 공급받아
은혜 안에서 성장합니다.

96문. 성찬은 무엇인가요?

97문. 성찬에 합당하게 참여하려면 어떻게 해야 하나요?

답. 성찬에 합당하게 참여하려면
주님의 몸을 분별할 줄 아는 지혜와
주님을 양식으로 삼는 믿음과 회개와 사랑과
새로운 순종이 자신에게 있는지를 살펴야 합니다.
혹 그들이 부당하게 참여하여 심판을 먹고
마시게 될까 염려되기 때문입니다.

97문. 성찬에 합당하게 참여하려면 어떻게 해야 하나요?

98문. 기도는 무엇인가요?

답. 기도는 우리의 소원을 하나님의 뜻 안에서
그리스도의 이름으로 하나님께 아뢰는 것인데,
우리의 죄를 고백하고 그분의 자비를
감사히 인정함으로 해야 합니다.

98문. 기도는 무엇인가요?

99문. 하나님께서 우리에게
기도의 지침으로 주신 법칙은 무엇인가요?

답. 하나님의 말씀 전체가
우리에게 기도의 지침으로 사용되지만,
그중에서도 가장 특별한 지침은 그리스도께서
그의 제자들에게 가르쳐 주신 기도의 형태로,
보통 '주기도문' 이라고 말합니다.

99문. 하나님께서 우리에게

기도의 지침으로 주신 법칙은 무엇인가요?

100문. 주기도문의 머리말이
우리에게 가르쳐 주는 것은 무엇인가요?

답. 주기도문의 머리말 곧
"하늘에 계신 우리 아버지여"는
자녀가 아버지에게 나아가듯이, 우리를 도울 수 있고
또 기꺼이 도우려 하시는 하나님께
모든 경외심과 확신을 가지고 가까이 나아갈 것과,
우리가 다른 사람들과 함께, 그리고
다른 사람들을 위하여 기도해야 한다는 것입니다.

100문. 주기도문의 머리말이 우리에게 가르쳐 주는 것은 무엇인가요?

101문. 주기도문의 첫째 구절에서 우리는 무엇을 기도하나요?

답. 주기도문의 첫째 구절
즉 "이름이 거룩히 여김을 받으시오며"라는 구절에서
우리는 하나님께서 자신을 알리시는 모든 영역에서
우리와 다른 사람들이 그분을 영화롭게 하도록 하시고,
또한 모든 것이 그분께 영광이 되도록
섭리해주실 것을 기도합니다.

101문. 주기도문의 첫째 구절에서
우리는 무엇을 기도하나요?

102문. 주기도문의 둘째 구절에서
우리는 무엇을 기도하나요?

답. 주기도문의 둘째 구절
즉 "나라가 임하시오며"라는 구절에서 우리는
사탄의 나라가 멸망하고, 은혜의 나라가 부흥하여
우리와 다른 사람들이 은혜의 나라로 들어가
그 안에 머무르고, 또한 그 영광의 나라가
빨리 오기를 기도합니다.

102문. 주기도문의 둘째 구절에서
우리는 무엇을 기도하나요?

103문. 주기도문의 셋째 구절에서
우리는 무엇을 기도하나요?

답. 주기도문의 셋째 구절 즉 "뜻이 하늘에서
이루어진 것 같이 땅에서도 이루어지이다"라는 구절에서
우리는 하나님께서 그분의 은혜를 베풀어 주셔서,
우리가 모든 일에 그분의 뜻을 잘 알고
순종하고 복종하기를 하늘의 천사들이 하듯이
하게 해 달라고 기도합니다.

103문. 주기도문의 셋째 구절에서

우리는 무엇을 기도하나요?

104문. 주기도문의 넷째 구절에서 우리는 무엇을 기도하나요?

답. 주기도문의 넷째 구절 즉 "오늘 우리에게 일용할 양식을 주시옵고"라는 구절에서 우리는 하나님께서 값없이 주시는 선물로써 현세의 좋은 것들 중에서 합당한 몫을 받고, 또 그것들과 함께 우리가 하나님이 주시는 복을 즐거워할 것을 기도합니다.

104문. 주기도문의 넷째 구절에서
우리는 무엇을 기도하나요?

105문. 주기도문의 다섯째 구절에서 우리는 무엇을 기도하나요?

답. 주기도문의 다섯째 구절 즉 "우리가 우리에게 죄 지은 자를 사하여 준 것 같이 우리 죄를 사하여 주시옵고"라는 구절에서 우리는 그리스도로 인하여 우리의 모든 죄를 값없이 용서해 주시기를 기도합니다. 우리가 그분의 은혜로 다른 사람들을 진심으로 용서할 수 있게 되었기 때문에, 또한 우리도 그렇게 하도록 격려 받습니다.

105문. 주기도문의 다섯째 구절에서 우리는 무엇을 기도하나요?

106문. 주기도문의 여섯째 구절에서
우리는 무엇을 기도하나요?

답. 주기도문의 여섯째 구절 즉 "우리를 시험에
들게 하지 마시옵고 다만 악에서 구하시옵소서"라는
구절에서 우리는 우리가 죄의 유혹에 빠지지 않게
하나님께서 우리를 지켜주시거나, 우리가
유혹을 받을 때에 우리를 도와주시고
건져 주시기를 기도합니다.

106문. 주기도문의 여섯째 구절에서 우리는 무엇을 기도하나요?

107문. 주기도문의 마지막 구절이 우리에게 가르쳐 주는 것은 무엇인가요?

답. 주기도문의 마지막 구절 즉 "나라와 권세와 영광이 아버지께 영원히 있사옵나이다 아멘"은 우리가 기도할 때에 오직 하나님으로부터만 용기를 얻고, 또 나라와 권세와 영광을 그분께 돌리면서 그분을 찬양해야 한다는 것입니다. 그리고 우리의 소원을 하나님께서 들어주시리라고 확신하는 증거로써 우리는 "아멘"이라고 말합니다.

107문. 주기도문의 마지막 구절이
우리에게 가르쳐 주는 것은 무엇인가요?

웨스트민스터 소요리문답은
대한예수교장로회(고신, 합동, 통합 등)의 교리표준서로써,
107개의 문답을 통해 **성경 전체의 가르침을 쉽고 빠르게** 배울 뿐 아니라,
이단들로부터 교회를 보호하는 기능을 가지고 있습니다.

값 12,000원

ISBN 979-11-973747-0-8